# PROJET

D'UNE

## SOCIÉTÉ FRANCO-RUSSE DES INDES.

## ROUTE CONTINENTALE

# DES INDES

## PAR LA RUSSIE MÉRIDIONALE,

## LA GÉORGIE ET LE CHYRWAN

JUSQU'A ASTERABAD (Perse);

### PAR M. ARISTIDE FERRERE,

COMMANDEUR EXTRAORDINAIRE DE L'ORDRE DE CHARLES III;

ANCIEN AGENT DES FINANCES D'ESPAGNE A PARIS,

ET FONDATEUR PROPRIÉTAIRE DE LA MUTUALITÉ FRANCO-RUSSE,

JOURNAL DES INTÉRÊTS RÉCIPROQUES DE LA FRANCE ET DE LA RUSSIE,

PUBLIÉ A PARIS EN 1857 ET 1858.

## PARIS

TYPOGRAPHIE DE HENRI PLON

IMPRIMEUR DE L'EMPEREUR

RUE GARANCIÈRE, 8

1861

# PROJET

D'UNE

## SOCIÉTÉ FRANCO-RUSSE DES INDES.

ROUTE CONTINENTALE

# DES INDES

### PAR LA RUSSIE MÉRIDIONALE,

### LA GÉORGIE ET LE CHYRWAN

JUSQU'A ASTERABAD (Perse);

## PAR M. ARISTIDE FERRERE,

COMMANDEUR EXTRAORDINAIRE DE L'ORDRE DE CHARLES III,

ANCIEN AGENT DES FINANCES D'ESPAGNE A PARIS,

ET FONDATEUR PROPRIÉTAIRE DE LA MUTUALITÉ FRANCO-RUSSE,

JOURNAL DES INTÉRÊTS RÉCIPROQUES DE LA FRANCE ET DE LA RUSSIE,

PUBLIÉ A PARIS EN 1857 ET 1858.

## PARIS

### TYPOGRAPHIE DE HENRI PLON

IMPRIMEUR DE L'EMPEREUR

RUE GARANCIÈRE, 8

1861

# INTRODUCTION.

L'alliance commerciale de la France et de la
Russie est tellement naturelle que l'idée s'en
présente d'elle-même, dès qu'on jette sur la
mappemonde un simple regard : en effet, si la
France, par le privilége de sa situation géographique, unit entre elles toutes les parties de
l'Europe, la Russie, par le fait de son immense
surface, unit l'Europe à l'Asie, et semble même
les confondre dans l'ellipse que forment au loin
ses frontières mi-partie européennes et mi-
partie asiatiques. Or, n'oublions pas que, dans
les plans de la Création, tout est admirablement calculé, que les moindres choses ont leur
raison d'être et leur profonde signification. Si
donc on remarque d'abord que l'Europe et
l'Asie sont, de toutes les parties du globe, celles
qui se tiennent plus fortement soudées l'une à

1.

l'autre ; si l'on remarque ensuite qu'à cette con-
nexité physique correspondent des harmonies
qui rendent plus solidaire encore leur mutuel
bien-être : comment ne pas lire ici, nettement
exprimées, les vues de la Providence, qui a
relié si bien cette terre d'Asie, où tout naît et
commence, et cette terre d'Europe, où tout se
perfectionne et s'achève !

Elle est donc tout à la fois naturelle, grande
et féconde, l'idée d'établir enfin entre l'Europe
et l'Asie des rapports plus intimes, plus actifs,
plus directs ; car l'Asie est par excellence la
patrie de la matière première, comme l'Europe
est l'atelier-type de l'industrie humaine.

Assurément aussi, pour réaliser cette idée,
pour accomplir cette œuvre, la France et la
Russie se trouvent favorisées de conditions
uniques, exceptionnelles ; car, tandis que la
France est au cœur même de l'Europe, la
Russie, par l'Oural et le Caucase, forme l'an-
neau de la transition entre l'Europe et l'Asie,
et s'étend sans discontinuité jusqu'au détroit de
Behring, c'est-à-dire depuis l'Asie Mineure et
la Perse jusqu'à la Chine et au Japon.

Enfin, personne ne conteste que sous le rapport de l'intérêt général, la voie continentale ne soit préférable à la voie maritime ; car si le steamer est comme le railway un rapide trait d'union entre deux points donnés, toutefois le steamer ne touche qu'à quelques-uns des points intermédiaires, tandis que le railway les relie tous et les vivifie.

Dans notre projet de Société franco-russe des Indes, nous nous proposons :

1° D'établir des relations plus actives, plus sûres, plus promptes, entre l'Europe et l'Asie, qui semblent faites, l'une pour produire, et l'autre pour transformer ;

2° D'établir ces relations par VOIE CONTINENTALE, suivant ainsi les indications de la nature elle-même, qui donne à l'Europe et à l'Asie plus de 800 lieues de communes frontières ;

3° D'établir la France et la Russie comme les deux points extrêmes de cette prodigieuse artère continentale.

Tout invite la France et la Russie à cette mission providentielle, tout, jusqu'à la particularité suivante, c'est que la langue française, qui est celle de la science et de la civilisation, est passée sans effort des rives de la Seine aux rives de la Newa, et s'y est, pour ainsi dire, naturalisée.

Une sorte de communauté d'intérêt lie déjà l'un à l'autre les deux empires ; les deux gouvernements ont pris mutuellement l'initiative. La part que nos établissements financiers se sont faite dans la concession des chemins de fer russes ; leur cote à la Bourse de Paris ; leur construction par des ingénieurs des ponts et chaussées qui ont emmené en Russie un nombreux personnel d'employés et d'ouvriers français ; le choix d'un de nos ports de mer pour la construction des frégates sous la direction d'officiers de la marine russe ; la confection des machines dans une de nos principales usines ; le nouveau tarif du commerce, puis encore et surtout la démarche courtoise de S. A. I. le grand-duc Constantin auprès de S. M. l'Empereur Napoléon III, sorte de visite faite par la

Russie à la France industrielle et commerciale, sont autant de causes de rapprochement entre les deux nations, et doivent les conduire l'une et l'autre à des relations d'affaires beaucoup plus étendues et beaucoup plus variées qu'elles ne l'ont été jusqu'à ce jour. Déjà le résultat s'en fait sentir dans le mouvement réciproque des voyageurs; jamais à aucune époque le nombre des visiteurs russes à Paris n'a été aussi considérable, et pourtant le besoin de locomotion qui de plus en plus se manifeste dans les classes les plus élevées doit en augmenter de plus en plus le chiffre. Si, d'un autre côté, on considère avec quel élan la vie industrielle se produit et se propage dans l'empire russe, on voit que bientôt Saint-Pétersbourg et Moscou seront reliés à Paris par le railway, comme ils le seront à Marseille par les pyroscaphes; et, les distances étant ainsi supprimées par la vapeur, qui donc pourrait désormais calculer l'avenir du commerce entre la France et la Russie?

On le voit, afin de rester dans les limites d'une introduction, nous sommes brefs sur une question que nous avons longtemps méditée et qui s'élève et s'étend à mesure qu'on y réfléchit davantage. Ces quelques mots suffisent cependant pour que chacun comprenne déjà toute l'importance de la pensée qui a fait naître le projet sérieux que nous publions aujourd'hui.

En 1854, j'eus l'honneur de soumettre à M. Mocquard, secrétaire de l'Empereur, ainsi qu'aux principales chambres de commerce, un projet à peu près semblable; on jugera par les réponses que j'ai reçues, des sympathies qu'on trouverait si les sommités de la finance et du commerce se mettaient à la tête d'une entreprise aussi grande, aussi féconde.

### CHAMBRE DE COMMERCE DE NIMES.

« Nîmes, le 8 mai 1855.

» *Le président de la chambre de commerce*
*de Nîmes,*

» A monsieur Aristide Ferrere, à Paris.

» Monsieur,

» Je viens, au nom de la chambre que j'ai
» l'honneur de présider, vous remercier de l'in-

» téressante communication que vous avez bien
» voulu lui adresser.

» La chambre de commerce de Nîmes appré-
» cie les heureuses combinaisons du projet vaste
» et fécond que vous avez conçu ; il lui paraît
» réunir le double avantage de contribuer aux
» progrès de la civilisation et de favoriser le
» développement de la prospérité commerciale
» de la France.

» La chambre fait des vœux sincères pour le
» succès de votre entreprise, dont elle appren-
» dra avec satisfaction la réalisation prochaine.

» Agréez, monsieur, l'assurance de ma con-
» sidération la plus distinguée.

» Signé : N. Brunel. »

CHAMBRE DE COMMERCE DE LILLE.

« Lille, le 26 février 1855.

» A monsieur Aristide Ferrere, rue de Las-
» Cases, n° 10, à Paris.

» Monsieur,

» J'ai mis sous les yeux de la chambre de
» commerce de Lille la lettre que vous m'avez

» fait l'honneur de m'adresser le **2** de ce mois,
» ainsi que la brochure qui l'accompagnait, et
» dans laquelle vous avez établi les bases d'une
» société anonyme à former pour le commerce
» de l'Europe avec l'Asie Mineure, *la Perse* et
» *les Indes orientales.*

» Ainsi que vous l'avez pensé, la chambre
» devait se montrer sympathique aux efforts
» qui sont faits pour étendre nos relations et
» créer à notre production de nouveaux dé-
» bouchés.

» Elle vous remercie de votre intéressante
» communication, ainsi que de l'initiative que
» vous avez prise pour la formation d'un éta-
» blissement dont la prospérité peut imprimer
» une activité nouvelle au travail manufacturier.

» Agréez, monsieur, l'assurance de mes sen-
» timents distingués.

» Pour le président de la chambre empêché,

» *Le vice-président,*

» Signé : Auxelle. »

« Bordeaux, le 31 mars 1855.

» *Le président de la chambre de commerce*
» *de Bordeaux,*

» A monsieur A. Ferrere, à Paris.

» Monsieur,

» La chambre de commerce de Bordeaux a
» reçu dans le temps la lettre que vous avez bien
» voulu lui adresser le 4 février, ainsi que le
» Mémoire que vous nous annonciez, relatif à
» la formation d'une Compagnie qui aurait
» pour but la création de relations commer-
» ciales entre la France et la Perse.

» Les divers membres de la chambre ont pris
» successivement connaissance de ce document;
» sa lecture les a intéressés.

» Nul doute que tout ce qui tendra à ouvrir
» de nouveaux débouchés aux produits agricoles
» et industriels de la France ne soit chose des
» plus utiles et des plus dignes de sympathie :
» nous regarderons toujours d'un œil favorable
» les tentatives faites pour amener les nom-
» breuses populations de l'intérieur de l'Orient

» à entrer en relations mercantiles avec nous.
» Malheureusement, la situation géographique
» de Bordeaux, la nature des marchandises sur
» lesquelles s'exerce plus spécialement son acti-
» vité commerciale, ne donnent guère l'espoir
» de le voir entrer en rapports suivis avec l'Asie
» Mineure et la Perse.

» Je désire vivement, monsieur, ainsi que mes
» collègues, que la voie nouvelle vers laquelle
» vous vous proposez de diriger les exportations
» de la France soit féconde en résultats avanta-
» geux que le temps développera de plus en
» plus, et je vous présente l'assurance de ma
» considération distinguée.

» L. DUFFOUR-DUBERGIER. »

« Palais des Tuileries, 1er décembre 1854.

CABINET DE L'EMPEREUR.

» Mon cher monsieur FERRERE,

» J'ai présenté vos Mémoires à l'Empereur,
» Sa Majesté m'a chargé de vous répondre
» qu'Elle ne peut dans ce moment s'occuper
» des questions qu'ils traitent, et que si vous

» avez à La solliciter, ce soit dans l'ordre com-
» mun des choses.

» Mille compliments sincères.

» Signé : MOCQUARD. »

Remarquons, en terminant, qu'en 1854, la guerre avec la Russie était un empêchement à s'occuper de ces questions, mais aujourd'hui ce motif n'existe plus.

# ROUTE CONTINENTALE

# DES INDES,

PAR

LA RUSSIE MÉRIDIONALE, LA GÉORGIE ET LE CHYRWAN
JUSQU'A ASTERABAD (Perse).

Pour trafiquer avec les Indes orientales, avec la Chine et avec la Perse, la Russie possède deux routes : l'une *fluviale et maritime*, par le Volga, Astrakan et la mer Caspienne; l'autre *continentale*, par la Russie méridionale, le Caucase et les provinces du Glfilan et du Mazanderan (Perse).

La première est exclusivement russe et inaccessible au commerce des puissances maritimes qui bordent la Méditerranée; la seconde, qui traverse le territoire entre la mer Noire et la mer Caspienne, est plus rapprochée de l'embouchure du Danube, et accessible au commerce de la Méditerranée par les ports qui bordent la mer Noire.

La route par le Volga et Astrakan a ses avantages que nous sommes loin de contester, mais elle n'intéresse que très-indirectement le commerce des autres nations de l'Europe. Ajoutons qu'elle présenterait quatre grands inconvénients : 1° elle serait fermée aux puissances maritimes qui bordent la Méditerranée ; 2° elle mécontenterait la Perse, qu'elle laisserait dans un complet isolement, et priverait l'Europe des ressources commerciales que doit lui offrir un pays dont la population s'élève à 13 ou 14 millions d'habitants, et dont les produits naturels sont si différents des nôtres ; 3° elle abandonne les riches provinces de la Géorgie, du Chyrwan, pour aller au loin parcourir des déserts successifs, qui n'offrent évidemment aucun moyen d'échange ; 4° elle ne serait pas praticable durant une partie de l'année, car les glaces viendraient impitoyablement interrompre la circulation ; or, toute intermittence est mortelle au commerce, dont le mouvement, en effet, doit être continu.

A cette ligne ; qui ne pourrait donc être qu'une route d'été, nous préférons de beaucoup celle qui s'établirait entre la mer Noire et la mer Caspienne, jusqu'à Asterabad (Perse). — Partant d'Ekaterinoslaw, elle se dirigerait par Tcherkas, Stavropol, Georgiefk, Vladiskawkas, traverserait en percement le mont Gund, pour atteindre Tiflis, qu'un embranchement relierait à Poti, sur la mer Noire, et continuant sa marche vers Lenkeren, le Ghilan et le Mazanderan, elle irait aboutir à Asterabad.

Cette route ne présenterait aucun des inconvénients que nous avons reprochés à celle par le Volga et Astrakan ; elle garantirait au commerce de l'Europe la même sécurité, puisqu'elle serait également sous la main vigilante et ferme de la Russie ; elle donnerait satisfaction aux intérêts de la Perse, dont on se concilierait ainsi l'amitié ; elle se rapprocherait de l'Autriche, qui, par le Danube, pourrait envoyer et recevoir les marchandises par le port de Poti, sur la mer Noire ; elle permettrait aux ports nombreux de la Méditerranée d'y diriger leurs navires.

Nous ferons ressortir plus loin les avantages que *le commerce de la France* et de l'*Allemagne* retirerait d'une ROUTE CONTINENTALE DES INDES par la Russie méridionale, le *mont Gund*, la *Géorgie*, le *Chyrwan*, le *Mazanderan* et l'ASTER-ABAD ; nous n'avons voulu d'abord qu'indiquer la route continentale, que nous considérons comme bien supérieure aux routes maritimes projetées par Suez, par l'Euphrate et par la mer d'Aral.

J'appelle en particulier l'attention sur ASTER-ABAD, qui me semble admirablement placée pour être le centre des opérations d'une SOCIÉTÉ FRANCO-RUSSE DES INDES. Assez près de l'Indus pour communiquer aisément avec tout le bassin de ce fleuve, assez loin des possessions anglaises pour n'avoir pas à craindre aucune suscepti-bilité, cette ville, située dans un pays *indépen-dant*, est toutefois assez *voisine de la Russie* pour en recevoir une *protection efficace*.

Asterabad est sur l'Ester, au fond d'une baie de la mer Caspienne, dans une province des plus favorisées de la Perse ; elle se trouve au

point de rencontre de trois routes qui se diri-
gent, l'une au N.-E., vers Khiva, Boukhara,
Samarkand; l'autre au S.-E., vers Hérat, Ka-
boul, Kandahar et Moultan; et la troisième
au S.-O., vers Téhéran.

Cette position permet de commercer avec le
Turkestan, le Tibet et l'Afghanistan, avec
bien plus d'avantage qu'on ne le fait de Calcutta ou de Bombay, parce que tous ces pays
sont infiniment plus proches d'Asterabad qu'ils
ne le sont de Calcutta.

Ajoutons qu'au commerce avec les Indes, la
Compagnie qui s'établirait à Asterabad joindrait celui de la Perse et de la Géorgie.

Nous venons de comparer entre elles les deux
routes qui mènent de la Russie aux Indes, et
nous avons exposé les raisons qui nous font
préférer la voie continentale qui s'établirait
entre la mer Noire et la mer Caspienne; nous
avons caractérisé l'admirable position d'Asterabad pour le siége d'un établissement commercial, et enfin nous nous sommes réservé

2.

de rendre manifeste la supériorité que la route par la Géorgie présente sur celles projetées par l'isthme de Suez et par l'Euphrate.

On n'abandonnera pas pour cela la route par le cap de Bonne-Espérance, on n'en construira pas moins le canal de grande navigation à travers le désert de l'Égypte, ni le chemin de fer à travers l'Asie Mineure ; toutes ces routes peuvent se faire, car chacune d'elles a des avantages qui lui sont propres, mais nous pensons qu'elles ne répondent pas à l'intérêt général du commerce de l'Europe, qui demande, pour trafiquer avec les Indes plus utilement qu'on ne l'a fait jusqu'à présent, une route courte, sûre et facile, qui ne touche pas seulement à quelques points du littoral, mais qui traverse le centre de l'Europe et en desserve ainsi avec plus d'économie les nombreuses villes manufacturières. Or, la route par l'Égypte est loin de satisfaire à cette condition essentielle, et, de plus, elle a six grands inconvénients :

1° Elle n'est plus courte que la route par le Cap, que pour les marchandises parties de la

Méditerranée, car pour les ports de l'Océan cet avantage est moins sensible, et il devient très-contestable pour les ports de la Baltique.

2° Elle continue à tenir la route des Indes très-éloignée des cités commerçantes de l'Europe centrale, et ne permet qu'à un très-petit nombre de villes maritimes de ces différents États d'envoyer une ou deux fois par an quelques navires dans la mer des Indes.

3° Elle laisse presque tout le commerce de l'Europe avec les Indes entre les mains de l'Angleterre, qui, par le nombre de ses navires, peut *seule* se charger du transport des marchandises.

4° Elle conduit aux mêmes points que la route par le Cap, c'est-à-dire aux ports anglais de l'océan Indien, dans des villes qui sont l'entrepôt général des marchandises anglaises, et où, par conséquent, la concurrence raisonnable devient impossible.

5° Ne faisant qu'effleurer l'Asie, elle ne remédie pas à ce préjudice mortel pour le commerce de l'Europe continentale, de ne pouvoir

porter ses marchandises sur les marchés intérieurs de l'Inde ; de les vendre directement aux
indigènes et d'acheter sur les lieux mêmes les
productions du pays à bien meilleur marché
que sur le littoral, où le commerce ne les tient
que de seconde ou troisième main.

6° Elle est beaucoup trop longue pour per-
mettre aux négociants de renouveler leurs opérations plusieurs fois dans l'année. Elle continue ainsi d'être *restrictive*, et de laisser le
commerce des Indes le privilége de quelques
riches négociants ou de quelques compagnies
puissantes ; or, ce n'est pas au moment où le
vaste réseau de chemins de fer qui embrasse
toute l'Europe continentale rapproche chaque
ville et met en communication journalière les
peuples des diverses nations ; ce n'est pas à une
époque où toutes les fortunes sont divisées et
où chacun met soi-même en rapport son pé-
cule, qu'on peut proposer une route qui est exclusivement au profit des forts capitaux ; le commerce des Indes doit devenir accessible aux
plus petites fortunes, aux négociants des plus
petites villes de l'intérieur de l'Europe, et il

n'y a que le chemin de fer qui puisse remplir
ce but.

Le jour où la route que nous proposons sera
construite en entier, et où l'on pourra aller
sans discontinuer de Paris à Asterabad en huit
ou dix jours au plus, le monopole du commerce maritime avec les Indes sera brisé ; le
mouvement commercial sera centuplé, car ce
ne sera plus alors quelques milliers de négociants qui exploiteront ce commerce, mais des
millions de marchands qui s'y livreront, par
la facilité de pouvoir renouveler huit ou dix
fois par an leurs opérations, et par celle de
pouvoir au besoin aller veiller eux-mêmes à
leurs intérêts sans perte de temps, car le temps
est, lui aussi, un capital précieux.

Examinée sous ce point de vue, la question
s'agrandit, et les intérêts individuels doivent
s'effacer devant l'intérêt général des peuples ;
et si effectivement la route que nous proposons
doit avoir pour résultat de nous fournir à meilleur marché que les voies maritimes, les drogues, les épices, les teintures, les matières pre-

mières dont l'Europe continentale a un si grand
besoin; si elle ouvre à nos produits les marchés
de l'intérieur de l'Asie; si enfin elle met à quelques journées de distance une population de
180 millions de consommateurs, la question
est jugée, et la route par la Russie méridionale,
la Géorgie et l'Asterabad (Perse) doit être pré-
férée à celle par l'Égypte, qui a de plus l'inconvénient d'être située dans un État faible et
*dépendant*, causes incessantes d'instabilité que
le commerce doit redouter.

Maintenant, si nous examinons ce que le
commerce de l'Europe aurait à gagner au chemin de fer qui traverserait l'Asie Mineure et
joindrait les Dardanelles au golfe Persique,
Scutari à Bassora, nous avouons que cette voie
ferrée a deux avantages : elle mène à Surate et à
Bombay plus promptement que le trajet par la
mer Rouge, et elle traverse la Mésopotamie, qui
par ses richesses naturelles sera certainement
une source d'opérations productives; mais mal-
gré ces avantages particuliers, cette route aurait pour le commerce européen des inconvénients aussi grands que celle par l'Égypte; en

effet, elle aboutit également au littoral de l'océan Indien et continue ainsi au profit de l'Angleterre le monopole du commerce intérieur des Indes.

2° Elle ne raccourcirait pas le trajet de la route par le Cap, pour les villes situées sur l'Océan et la Baltique.

3° Elle nécessiterait à Bassora, pour la réexpédition des marchandises, un nombre de navires considérable, et ce transbordement occasionnerait des retards dans l'aller et le retour et grèverait la marchandise de frais très-lourds.

Ajoutons que ces inconvénients ne seraient pas les seuls; il y en aurait de plus grands qui proviendraient de la religion mahométane. Par sa nature, l'islamisme s'oppose à toutes réformes civilisatrices; c'est en vain que les sultans s'efforcent de marcher au progrès, ils trouvent dans l'islamisme une barrière contre laquelle vient se briser leur volonté.

Ajoutons encore que ces contrées, que la nature a faites si riches, sont infestées de pillards et n'offrent aucune sécurité, ni pour les personnes ni pour les propriétés.

A ces deux routes qui conserveraient au commerce anglais tous les avantages qu'il retire de celle par le Cap, puisqu'elles le laisseraient seul chargé de presque toute la navigation, et seul maître du commerce intérieur de l'Inde, l'Europe continentale préférera de beaucoup la route par la Russie méridionale et la Géorgie, qui affranchit son commerce des entraves et des charges que lui imposent les routes maritimes qui aboutissent au littoral anglais de l'océan Indien.

Cette route, en partant de Lemberg (Gallicie) où elle se souderait aux chemins de fer de l'Allemagne centrale, se dirigerait vers Kiew, Ekaterinoslaw, Tcherkas, Stavropol, Vladiskawkas, traverserait en percement le Caucase, arriverait à Tiflis, qu'un embranchement relierait à Poti, sur la mer Noire, et continuerait de Tiflis jusqu'à Asterabad, en longeant la mer Caspienne, à travers les riches provinces persanes du Ghilan et du Mazanderan.

Cette route formerait ainsi une ligne de fer continue qui, partant des Pyrénées, irait jusqu'aux pieds du mont Caucase, et une fois ces deux chaînes de montagnes percées, la ligne joindrait d'un côté Cadix, de l'autre Asterabad. La pensée se perd à chercher les conséquences qui résulteront du percement d'une pareille ligne, pour la civilisation des peuples de l'Asie et pour le commerce de l'Europe.

Pour rendre plus évidents les inconvénients que nous avons reprochés à la route des Indes par l'Égypte et à celle par l'Euphrate, et pour rendre aussi plus manifeste la supériorité de la route par la Géorgie, nous allons les comparer entre elles dans des conditions toutes à l'avantage de la route par l'Égypte, en supposant le percement de l'isthme comme un fait accompli, et la route que nous proposons de construire en état de projet.

Rappelons d'abord le tracé de cette route.

En partant de Dambica (Gallicie), frontière de l'Autriche et de la Russie, et point de jonction avec les chemins de fer de l'Allemagne centrale, la route se dirigerait par *Ostrog* sur Kiew, Ekaterinoslaw, Tcherkas, Stavropol, Georgiefsk, Mosdok, Kislar, Derbent, Bacou et Salian sur la Caspienne, qu'un embranchement relierait par Tiflis, à Poti sur la mer Noire; de Salian la route longeant la côte irait à Lenkarem, franchirait la frontière russe, entrerait en Perse, traverserait Astara, Recht-Korremabad, Balfrouch, Sari, et arriverait à Asterabad.

Cette route, comparée à celle par l'Égypte ou à celle par l'Euphrate, *est la plus courte, la plus sûre, la plus économique* et *la plus productive*, pour le commerce de l'Europe continentale avec la *Perse*, avec les *Indes orientales* et avec la *Chine;* peu de mots suffiront pour le démontrer et justifier notre préférence.

Nous disons d'abord qu'elle *est la plus courte.*

La distance de Paris à Asterabad est de 6,800 kilomètres par le tracé le plus long; cette distance serait franchie en 12 jours par les trains de marchandises, tandis qu'il faudra 100 jours au moins pour transporter les mar-

chandises du Havre à Calcutta par l'isthme de
Suez, et plus de 130 jours par le chemin de fer
de l'Euphrate et le golfe Persique.

Il n'y a donc pas de comparaison à établir
entre la route de fer continue qui irait de
Paris à Asterabad, et la voie maritime allant
du Havre à Calcutta; aussi nous n'entendons
pas nous servir de cet énorme avantage, et,
comme nous l'avons dit en commençant, nous
allons comparer le temps du trajet de Paris à
Asterabad, en se servant seulement des voies
de communication *existantes* ou *en train d'exé-
cution*, avec celui qu'on mettra, par mer, pour
aller du Havre à Calcutta, par l'isthme de
Suez.

La distance de Paris à Théodosie sera franchie en. . . . . . . . . . . . . . . . . 8 jours.

De Théodosie à Poti, par bateaux
à vapeur. . . . . . . . . . . . . . . 1

De Poti à Tiflis (250 kilomètres). . 6

Transbordement. . . . . . . . . . 5
                                   —
Trajet de Paris à Tiflis. . . . . 20 jours.

Maintenant, de Tiflis à Asterabad deux voies de communication se présentent, l'une fluviale et maritime par la Koura et la mer Caspienne; l'autre continentale, par le Chyrwan, le Ghilan et le Mazanderan; en empruntant la voie fluviale, la marchandise devra se rendre par terre jusqu'à Menget-Chaour, où la Koura est navigable et accessible aux navires de fort tonnage; comme de Tiflis à Menget-Chaour il y a 300 kilomètres, il faut compter 6 jours, plus 2 jours par bateaux à vapeur de Menget-Chaour à Asterabad, ce qui fait 8 jours, auxquels nous ajouterons 4 jours pour le transbordement des marchandises, ce qui fait 12 jours pour se rendre de Tiflis à Asterabad; et comme nous l'avons vu, il faudra 20 jours pour aller de Paris à Tiflis; le parcours entier de *Paris* à *Asterabad* se fera *donc en 32 jours* par la *Koura* et la *mer Caspienne.*

Maintenant, si l'on prend la route continentale et qu'on se rende directement de Poti à Asterabad par le Chyrwan et le Ghilan, on aura une distance de 1,500 kilomètres à franchir *par caravane,* qui, à raison de 50 kilomètres par jour, seront franchis en 30 jours; si à ces 30 jours de trajet on ajoute les 9 jours qu'il faut pour aller de Paris à Poti, on trouve que le *trajet de Paris à Asterabad*, par les riches provinces de la Géorgie, du Chyrwan, du Ghilan et du Mazanderan, *se fera en 39 jours*.

Ajoutons que la Koura porte bateaux plus haut que Menget-Chaour, et que, sans grande dépense, on pourrait la rendre navigable jusqu'à Tiflis.

Ajoutons encore qu'en établissant un service régulier et accéléré par terre, la distance *entre Poti et Asterabad* pourra être franchie en 23 jours, en calculant sur une marche moyenne de 65 kilomètres par jour ; alors on ira *de Paris à Asterabad en 32 jours*, en traversant une grande partie de la Russie méridionale, toute la Géorgie et les trois plus belles provinces de la Perse, tandis qu'il en faudra près de 100 pour se rendre du Havre à Calcutta par la voie périlleuse, longue et toujours incommode de la mer et à travers le désert de l'Afrique.

Si l'on objecte les difficultés d'établir un service régulier et *accéléré* dans ces provinces, bien peuplées et bien cultivées, nous répondrons par l'exemple des diligences *établies* et *circulant* à travers le *désert de l'Égypte*.

De ce qui précède, il résulte évidemment que, par sa position géographique, cette route *est la plus courte* pour commercer avec la Perse et les Indes orientales, et que les dépenses qu'on y fera seront bien entendues et en abrégeront le trajet.

Nous disons également qu'ELLE EST LA PLUS SURE. Placée sous la main vigilante et ferme de la Russie, et séparée du reste de la Perse par les montagnes du Taurus, cette route offre au commerce une sécurité parfaite pour les personnes et pour les propriétés. Le service de navigation à vapeur que le commerce russe vient d'établir sur le Volga et la mer Caspienne, augmente encore la puissance maritime de la Russie sur cette mer, et rassure complétement sur les craintes que le commerce français pourrait avoir par suite d'une révolution qui éclaterait en Perse.

A ces motifs de sécurité, le commerce en
trouve un autre bien grand, bien consolant,
dans la religion chrétienne, qui est pratiquée
par une très-grande partie de la population de
ces contrées. La Russie, qui a des rapports
journaliers avec toute l'Arménie, l'Azerbaïdjan,
et avec le Ghilan, et qui, par la mer Caspienne,
étend son influence bienfaitrice sur le Mazanderan et l'Asterabad, a propagé la religion de
N. S. Jésus-Christ dans ces contrées, dont les
unes sont toutes chrétiennes et les autres sont
préparées à le devenir. En portant à ces populations un bien-être qui leur est inconnu, le
commerce contribuera à hâter l'époque de leur
conversion au christianisme.

En regard de ces sécurités, les routes projetées par l'Égypte et l'Euphrate n'offrent dans
leur parcours que des déserts ou des contrées
habitées par des populations ignorantes et fa-
natiques, que la religion musulmane encou-
rage à rester dans l'état d'abrutissement et de
misère où elles sont plongées. La plupart ne
vivent que de pillage, et le gouvernement turc
n'a aucune force pour lutter contre ces masses

de croyants qui ont une haine aveugle, stupide, pour tout ce qui porte le nom de chrétien.

Les déplorables malheurs, les horribles tortures que les chrétiens ont éprouvés dans l'Hindoustan anglais et dans la Syrie et que la grande et pieuse pensée de l'auguste empereur Nicolas (d'impérissable mémoire) avait comme pressentis, il les eût certainement prévenus, car, en rétablissant la Croix sur le dôme de Sainte-Sophie, il aurait profondément désillusionné, ou du moins, par le contre-coup de la terreur, singulièrement refroidi le fanatisme des musulmans. Il ne faut pas se dissimuler, en effet, que les populations de l'intérieur de l'Asie sont surexcitées par ce fait permanent qui parle si haut à leur imagination, c'est que la loi de Mahomet règne en souveraine à Constantinople, c'est-à-dire en face et sur le sol même de l'Europe chrétienne.

La pensée de civiliser les peuples de l'Asie par le catholicisme doit donc entrer pour beaucoup dans le choix que le commerce de l'Europe continentale et catholique est appelé à faire d'une route pour trafiquer avec les Indes. Or, en répandant sur la route par la Géorgie les lumières de l'Évangile; en rendant le Persan tolérant, instruit, poli, prévenant, hospitalier, au lieu de fanatique, d'arrogant et de brutal qu'est le Turc; en dotant ces contrées de si grandes richesses naturelles; en leur donnant de nombreuses facilités pour les fréquenter et un État puissant pour les protéger au besoin, Dieu semble indiquer à l'Europe chrétienne le chemin qu'elle doit suivre pour civiliser les peuples de l'Asie et pour commercer avec eux.

Aux avantages que nous venons d'énumérer, la route par la Géorgie a de plus celui d'offrir le *plus de facilités au commerce*. En effet, la brièveté du trajet, qui permet une prompte réalisation des capitaux employés, donne au commerce la *facilité* d'envoyer *plus souvent* et en plus *grande quantité* des marchandises dans les Indes; ensuite, les différentes issues de l'Europe sur la mer Noire et la mer Caspienne, et les moyens d'échange qu'elle trouve sur son parcours, sont encore autant de *facilités* que cette route offre au commerce; car, indépen-

damment de la route de fer projetée qui relierait les Pyrénées aux monts Célestes, Bayonne
à Asterabad, et qui desservirait ainsi l'Europe
et l'Asie par la voie la plus prompte, le commerce de l'Europe centrale avec les Indes *par
la Géorgie* a, pour y transporter les marchandises, *le choix* entre les chemins de fer, les fleuves
et les mers.

C'est ainsi que le commerce de la Suède et
de la Russie peut se servir, selon sa conve-
nance, ou des chemins de fer russes, ou du
Volga, ou du Dnieper ;

Que le commerce de l'Autriche, celui de la
Prusse, de la Hollande, de la Belgique et de la
France, pourra envoyer et recevoir les marchandises, ou par la Meuse, le Rhin et le Danube, ou par le chemin de fer russe qui aboutit
à Théodosie, selon la commodité des nombreuses villes que ces diverses voies de communication desservent.

Indépendamment des facilités que le *commerce particulier de chaque État de l'Europe centrale* trouvera dans ces diverses voies de com-

munication qui sont à la *portée de chacune de ses cités*, le commerce en général y trouvera un avantage dans la diminution du prix du fret, par suite du nombre et de la division des moyens de transport qui seront à sa disposition.

Loin d'offrir ces facilités, les routes par l'Égypte, par l'Euphrate et par le cap de Bonne-Espérance monopolisent tout le commerce de l'Europe avec les Indes dans quelques ports de mer seulement, car par ces routes il n'y a que les villes maritimes qui peuvent *recevoir des navires de fort tonnage* qui soient appelées à faire le commerce des Indes, ce qui a l'inconvénient de mettre le fret à la merci des armateurs, d'empêcher les autres villes de commercer directement avec les Indes, de rendre souvent difficile et quelquefois impossible l'embarquement des marchandises, qui, faute de navires en charge, restent des mois entiers dans les magasins, se détériorent et perdent de leur valeur.

Ajoutons à ces difficultés et à ces entraves, qui sont inhérentes à ces routes, le temps employé au trajet, les fonds qui restent longtemps dehors, gênent le commerçant et empêchent les affaires de se multiplier, et l'on sera conduit à reconnaître que la route par la Géorgie offre au commerce de l'Europe continentale des facilités plus grandes, plus nombreuses que ses rivales pour pénétrer dans l'intérieur de l'Asie et pour y trafiquer avec plus d'avantages.

Mais ce ne serait pas assez pour le commerce si la route des Indes par la Géorgie n'était que la plus courte, la plus sûre et la plus facile, si en même temps elle n'était pas la *plus économique* et la *plus productive;* ce sont les deux points que nous allons établir. La marchandise envoyée dans les Indes, soit par la route du Cap, soit par celle de l'Égypte ou par celle de l'Euphrate, se trouve forcément grevée de frais assez lourds avant même de quitter l'Europe, par la nécessité où l'on est d'envoyer *par Londres* la plus grande partie des marchandises, parce qu'il n'y a *qu'à Londres* que l'on trouve des navires en assez grand nombre et des départs qui se succèdent à de courts intervalles.

La route par la Géorgie a donc pour premier

avantage de relever le commerce de l'Europe de cette *sujétion* ; ensuite elle *économise* le fret, l'assurance et les frais que la marchandise supporte depuis le point du départ sur le continent jusqu'à l'arrivée à Londres ; il faut ajouter les frais de déchargement, de réembarquement et de commissions à payer à Londres avant le départ définitif pour les Indes ; ces frais ne se montent pas à moins de 10 pour 100, sans compter les pertes au change pour remboursement, et bien d'autres menus frais.

Ensuite, la brièveté du trajet par la Géorgie permettant de réaliser promptement les capitaux engagés, on *économise* l'intérêt de l'argent ; et pour qui connaît le taux auquel on prête pour faire le commerce des Indes, le temps qu'il faut pour terminer un compte de marchandises envoyées à Calcutta ou à Bombay, on sera en dessous du vrai en calculant sur une *économie* de 6 pour 100 résultant de l'intérêt de l'argent pendant neuf mois, à raison de 8 pour 100 par an.

Ces deux premières économies s'élèvent donc à 16 pour 100, auxquels il faut ajouter 5 pour

100 au *moins* pour les commissions et les frais qu'on paye *encore* à *Londres*, au *retour;* car n'oublions pas que pour le transport des marchandises destinées aux Indes, le commerce du continent est tributaire de la marine anglaise à l'aller et au retour, et le sera aussi longtemps qu'on ne prendra pas la route par la Géorgie.

Mais une économie bien autrement grande résulte de la différence dans les frais que la marchandise doit supporter pour se rendre des principaux endroits de l'intérieur de l'Asie, soit à Asterabad, soit à Calcutta, où le commerce en fait l'échange.

En effet, Asterabad étant beaucoup plus rapprochée que Calcutta du Hérat, de l'Afghanistan, du Caboul, du Tibet, du Turkestan, de la Boukharie, il y a une *grande économie* de temps et d'argent à transporter les marchandises de ces différents points à Asterabad plutôt qu'à Calcutta ; et comme les transports dans ces pays font plus que DOUBLER, qu'ils triplent la valeur de la marchandise, nous resterons en deçà de la vérité en ne calculant cette économie qu'à 90 *pour cent.*

Si l'on veut jeter un coup d'œil sur la carte de l'Asie, et si l'on calcule les degrés de latitude et de longitude qu'elle occupe, comparativement à l'Europe, on pourra se faire une idée de l'*immensité* des pays qu'elle embrasse et des distances qui séparent les contrées intérieures de l'océan Indien, et comme *actuellement* tout le commerce de l'Europe se fait par Calcutta et Bombay, et que de ces ports les marchandises se rendent vers le nord de l'Inde et vers l'Asie centrale à dos de chameau, les ballots restent plusieurs mois avant d'arriver à Kandahar, à Kachemir, à Caboul et dans l'Afghanistan; aux frais de transports énormes il faut ajouter la perte que la marchandise éprouve par les avaries résultant d'un si long trajet.

Et pour qu'on ne croie pas à l'exagération de nos dires, et pour qu'on puisse se faire une idée de la longueur des routes suivies par les caravanes, nous allons comparer les distances qui séparent les villes principales des contrées intérieures, de Calcutta et de Asterabad :

*Caboul* est à 3,700 kilomètres de Calcutta.

Il n'est qu'à **1,700** kilomètres d'Asterabad;

—différence : **2,000** *kilomètres* de chemin de moins à parcourir pour arriver à Asterabad.

*Hérat* est à **4,000** kilomètres de Calcutta.

Il n'est qu'à **800** kilomètres d'Asterabad ; — différence : **3,200** *kilomètres* de chemin de moins à parcourir pour arriver à Asterabad.

*Kandahar* est à **3,300** kilomètres de Calcutta.

Il n'est qu'à **1,100** kilomètres d'Asterabad ; — différence : **2,200** *kilomètres* de chemin de *moins* à parcourir pour arriver à Asterabad.

*Moultan* est à **2,500** kilomètres de Calcutta.

Il n'est qu'à **2,300** kilomètres d'Asterabad ; — différence : **200** *kilomètres* de chemin de *moins* à parcourir pour arriver à Asterabad.

*Khiva* est à **4,800** kilomètres de Calcutta.

Il n'est qu'à **700** kilomètres d'Asterabad ; — différence : **4,100** *kilomètres* de chemin de *moins* à parcourir pour arriver à Asterabad.

*Boukhara* est à **4,200** kilomètres de Calcutta.

Il n'est qu'à **1,300** kilomètres d'Asterabad ; — différence : **2,900** *kilomètres* de chemin de moins à parcourir pour arriver à Asterabad.

*Samarkand* est à 4,100 kilomètres de Calcutta.

Il n'est qu'à 1,600 kilomètres d'Asterabad ; — différence : 2,500 *kilomètres* de chemin de *moins* à parcourir pour arriver à Asterabad.

*Yarkand* (Chine) est à 2,800 kilomètres de Calcutta.

Il n'est qu'à 2,200 kilomètres d'Asterabad ; — différence : 600 *kilomètres* de chemin de *moins* à parcourir pour arriver à Asterabad.

*Kachemir* est à 2,500 kilomètres de Calcutta.

Il n'est qu'à 2,200 kilomètres d'Asterabad ; — différence : 300 *kilomètres* de chemin de *moins* à parcourir pour arriver à Asterabad.

*Téhéran* est à 5,100 kilomètres de Calcutta.

Il n'est qu'à 300 kilomètres d'Asterabad ; — différence : 4,800 *kilomètres* de chemin de *moins* à parcourir pour arriver à Asterabad.

Ces chiffres sont parlants ; ils ne peuvent être contestés, et dès lors on comprendra facilement que l'économie dans les frais de transport, que nous avons portée à 90 pour 100, sera en réalité deux et trois fois plus grande; car, nous le répétons, pour franchir de pareilles distances dans ces pays, il faut deux, trois et quatre mois, et naturellement c'est la marchandise qui supporte ces énormes frais. Par ces raisons, la route des Indes par la Géorgie et l'Asterabad est la plus *économique*, et nulle autre ne peut lui être assimilée.

Enfin, supérieure à toutes ses rivales sous le rapport de l'économie, elle a de plus l'avantage d'être beaucoup plus productive.

Et d'abord, la situation d'Asterabad, si voisine des principaux centres de population, permet de porter à peu de frais nos marchandises sur les marchés intérieurs de l'Hindoustan, de trafiquer directement avec les indigènes de tous ces royaumes, d'acheter à meilleur marché qu'à Calcutta ou Bombay les productions des Indes, et de vendre plus cher les produits de l'Europe.

Mais avant d'arriver à Asterabad et de tirer parti de ces avantages, la route que nous proposons parcourt des provinces excessivement riches en produits différents des nôtres, et qui offrent à notre commerce des moyens d'échange nombreux et considérables. Toute la Russie méridionale, le Caucase, la Géorgie, le Ghilan et le Mazanderan sont des provinces qui nous fourniront les grains, le bétail, la garance, le coton, la soie, le riz, le tabac; et si à ces articles qui nous manquent on ajoute ceux que la Perse nous offre encore et ceux qui arrivent des Indes par la Perse, on comprendra mieux l'importance de cette route et sa supériorité sur celle par le Cap ou sur celle par l'Égypte, qui n'offrent du point de départ au point d'arrivée qu'une vaste étendue de mer, improductive, périlleuse et fort longue.

La Perse, avec laquelle nous n'avons aucune relation de commerce, mérite cependant de fixer notre attention par la quantité de produits d'échange qu'elle possède et par ceux qu'elle tire des Indes et qu'elle peut livrer à très-bas prix.

La Perse fournit à l'Hindoustan du cuivre, du soufre, du tabac, des chevaux, des vins de

Chiraz, de la garance, des eaux-de-vie distil-
lées, des essences de roses, les drogues de son
cru et une infinité d'autres produits qui manquent à l'Inde. Elle en reçoit en retour toutes
les productions indiennes qu'elle ne peut con-
sommer; c'est ainsi que les denrées du Nord de
l'Hindoustan, celles de la Perse, du Kandahar,
du Moultan, de Lahore, de Kachemir, de
Balkh, de Bokhara, de Samarkand; celles
de la petite Tartarie et du Tibet pourraient
être livrées dans toute l'Allemagne et en France
à des prix infiniment meilleur marché qu'on
ne les trouve à Londres.

La Perse, qui produit abondamment la soie,
les laines de plusieurs sortes, le coton, la garance, le riz, le tabac, le sucre, la gomme
adragante, l'indigo, la manne, etc., envoie
aujourd'hui ses produits à Tiflis, où arrivent
trois fois par semaine des caravanes de 250 à
300 chameaux.

Ce commerce augmenterait du jour où une
route de fer joindrait Tiflis à Poti, et permettrait ainsi au commerce de toute l'Allemagne

de trafiquer avec la Perse et les Indes par le Danube et la mer Noire, en attendant l'achèvement complet de la route continentale.

Certainement la concurrence se fera sentir dans ces contrées; mais ce sera une concurrence juste, nécessaire pour entretenir l'émulation entre rivaux; ce ne sera plus l'avilissement des prix provenant de l'agglomération de toutes les productions de l'Europe dans une ou deux villes du littoral indien.

Hâtons-nous d'ajouter, pour tranquilliser le commerce français, qui est timoré à l'endroit des innovations, que le projet que nous proposons de *former un établissement commercial à Asterabad* n'est pas nouveau; que les Anglais, ces hardis négociants, nos maîtres en affaires, avaient compris il y a plus d'un siècle l'admirable position d'Asterabad pour en faire le siége d'un grand établissement commercial, et que, sous le nom de *Compagnie anglaise de Russie*, les Anglais s'y établirent en 1739.

Le commerce qu'ils y firent était considérable; ils avaient des relations avec toutes les contrées voisines de l'Indus, avec la Boukharie,

le Tibet et la Chine; ils enlevaient toutes les
soies du Ghilan, le riz du Mazanderan et toutes
les productions de la Perse, où, en échange, ils
apportaient directement les draps anglais et les
autres produits de leurs manufactures. Ce ne
fut qu'après les troubles de la Perse et la cession
de la Géorgie à la Russie que les Anglais aban-
donnèrent les établissements qu'ils avaient for-
més dans cette province.

Ce précédent est fait pour rassurer le commerce français, qui doit en tirer la conséquence
que si le commerce anglais a trouvé des avantages à s'établir dans l'Asterabad et le Ghilan,
alors qu'il n'y avait en Russie, par où ils fai-
saient le commerce, ni route tracée, ni navigation régulière sur le Volga ni sur la Caspienne, le commerce français doit en retirer de
bien plus grands aujourd'hui que la route de
Saint-Pétersbourg à Asterabad est sillonnée de
chemins de fer et de bateaux à vapeur; que la
mer Noire, le Danube et les Dardanelles sont
ouverts et libres au commerce de toutes les nations, et que, dans peu d'années, les chemins
de fer russes relieront *Paris à Théodosie!*

Le commerce français comprend tout cela à merveille, comme on a pu en juger par les quelques lettres dont j'ai donné copie dans mon introduction. Beaucoup d'autres lettres d'encouragement me furent adressées; je m'abstiens d'en donner connaissance, pensant que l'expression de trois grandes villes manufacturières et commerciales, situées à des points différents de l'empire, doit suffire pour montrer que le projet de créer une Société pour faire le commerce avec la Perse et les Indes par la Géorgie, est apprécié et désiré par les hommes pratiques les mieux placés pour en juger.

Comme la route de fer que nous proposons de Dambica à Asterabad ne peut être l'œuvre que du temps, et qu'une fois admise en principe, sa construction ne se fera que par parties, on pourrait commencer par entreprendre *immédiatement* la partie de la route *actuellement productive*, celle qui serait le premier chaînon du commerce de l'Europe avec la Perse, LA ROUTE DE TIFLIS A POTI. Et si ce que l'on nous a rapporté est exact, que la route nouvelle de Dambica à Kiew peut être appropriée avec peu de frais à un chemin de fer, on pourrait également commencer cette partie de la ligne projetée.

Le gouvernement de Sa Majesté l'Empereur de toutes les Russies comprend certainement l'importance d'attirer par le territoire russe le commerce de l'Europe avec la Perse et les Indes ; il ne se refusera donc pas aux sacrifices nécessaires pour faciliter la construction immédiate de ces deux parties de la ligne.

Si cette idée était accueillie, et que le gouvernement de Sa Majesté l'Empereur de toutes les Russies consentît à accorder quelques immunités et priviléges au premier établissement de commerce qui se ferait dans l'une des plus belles provinces de son vaste empire, on pourrait former *immédiatement* une Société franco-russe ou franco-austro-russe, qui *s'établirait à Tiflis* avec comptoir à Asterabad, et qui aurait pour objet :

1° L'établissement de comptoirs chrétiens en Géorgie et en Perse, pour faire le commerce avec la Perse, avec les Indes orientales et avec la Chine ;

2° Cette Société se chargerait de faire au gouvernement de l'auguste Majesté d'Alexandre II la proposition de construire un chemin de fer de Tiflis sur la Koura, à Poti sur la mer Noire ;

3° Elle ferait également la proposition de construire un chemin de fer de Dambica (Gallicie) à Kiew ;

4° Elle monterait *immédiatement* un service de transports *accélérés et réguliers* entre Tiflis et Poti, d'un côté, et elle augmenterait le nombre des caravanes qui font actuellement le service entre la Perse et Tiflis, de l'autre ;

5° Le siége de la Société serait à *Tiflis*, mais il serait établi quatre succursales : une à Paris, une à Vienne, une à Saint-Pétersbourg et une à Moscou.

Le capital nécessaire à une pareille entreprise, les dépenses d'établissement, l'évaluation du commerce qu'on peut faire, les bénéfices qu'on en retirera, l'organisation des comptoirs chrétiens en Perse et des agences dans les Indes, ont fait le sujet de notre Mémoire relatif au commerce de la France avec la Perse et les Indes orientales, publié en 1854.

Nous nous abstenons de reproduire les chiffres, nous réservant de le faire avec de légères modifications dans le moment opportun.